ETAGEREN

Lifestyle
BUSSE SEEWALD

Idee & Konzept: Doris Tönnissen Blatter
Bildkonzept & Fotografie: Monika Remus
Text: Simone Wiegand
Gestaltung: Anny Taylor

1. Auflage 2011

ISBN: 978-3-7724-7300-5 – Best.-Nr. 7300

Druck & Bindung: Neografia, Slowakei

DORIS TÖNNISSEN BLATTER
MONIKA REMUS

ETAGEREN

Im Wandel der Jahreszeiten

INHALT

Olio
Pasta

VORWORT

Etagere – Etagen voller Eleganz und Fantasie

Etagere – dieser schöne Name stammt von dem französischen Wort *étagère* und bedeutet Gestell. Lassen Sie Etagere einmal auf der Zunge zergehen. Schmecken Sie das saftige Obst, das süße Gebäck und die herzhaften Leckereien, die sich grazil darin auftürmen? Etageren verführen mit flackernden Kerzen und verströmen den Duft von Frühlingsblumen und Tannengrün. Mit Sand und Muscheln befüllt wecken sie Urlaubsträume, wohingegen Ostereier oder Weihnachtskugeln auf den Tellern Festtage ankündigen.

Sie ahnen bereits, liebe Leserinnen und Leser, dass Etageren die Sinne beflügeln und der Fantasie auf zwei oder drei Etagen viel Raum bieten. Etageren tragen ihre Individualität mit großer Leichtigkeit auf Tellern, Tabletts oder Körben, anmutig antik oder endlos elegant. Die hübschen Gestelle zeigen sich wandelbar aus natürlichem Holz, edlem Porzellan, robustem Metall oder feinem Glas. Etageren erhellen Wohnräume und beleben Gärten. Lassen Sie sich verzaubern von der Neuentdeckung eines Klassikers!

Herzlichst Ihre
Doris Tönnissen Blatter & Monika Remus

HERBS

TZEIT

KERNIG
NATÜRLICH
SAFTIG

STILLLEBEN ZUM ANBEISSEN

Der Apfel – seit Anbeginn der Menschheit Symbol für Verführung. Und nahezu unwiderstehlich, wenn er so verlockend wie hier auf den Tisch kommt.

Teller und Schälchen aus feurigem Rot und zartem Weiß sind eine glänzende Kombination. Das goldene Herbstlicht spiegelt sich darin und strahlt mit den blank geputzten Äpfeln um die Wette.

Aus üppiger Gartenvielfalt und den prächtigen Farben des Herbstes malt diese Etagere ein Stillleben auf Ihren Esstisch. Zum Anbeißen schön!

APFELGELEE MIT KANDIERTEN INGWERSTÜCKEN

- 900 ml Apfelsaft
- 3 Stück kandierter Ingwer
- 500 g Gelierzucker 2:1
- 4 Gläser mit Schraubverschluss
- etwas Zitronengras

Apfelsaft und Gelierzucker in einen großen Topf geben und gut vermengen, anschließend ca. 5 Min. quellen lassen.

In der Zwischenzeit die Gläser und Deckel mit kochendem Wasser ausspülen und zum Abtropfen auf den Kopf stellen.

Ingwerstücke und Zitronengras ganz fein hacken und zu dem Saft geben, diesen unterrühren, alles aufkochen und 4 Min. sprudelnd weiterkochen.

Das heiße Gelee direkt in die Gläser füllen und diese verschließen. Die Gläser ca. 10 Min. auf den Kopf stellen, dann wieder richtig hinstellen und auskühlen lassen.

ockend

G

STRAND-TRÄUME

Seestern, Schneckenhaus und Muschel erinnern an den letzten Strandspaziergang. Als nackte Füße Spuren im Sand hinterließen. Als das Meer in der Sonne glitzerte und eine leichte Brise sanft über die Haut strich.

Die Etagere setzt die Erinnerungen hübsch in Szene. Tropische Pflanzen in geflochtenen Körbchen und Dekokugeln bilden eine herrlich sommerliche Kulisse zum Träumen.

HARMONIE

Im Kreise der Unendlichkeit.

edel · raffiniert · kostbar · geheimnisvoll

Geliebte Perle

Kühl und klar wie der Meeresgrund empfängt diese Etagere ihren Schatz aus Muscheln, schmuckem Glas, Servietten und Perlen. Die schöne Perle – sie ist die Geliebte dieser strahlenden Etagere.

Die Perle symbolisiert Reichtum, Weisheit und Glück.

Die maritimen Gehäuse und ein Windlicht aus durchschimmerndem Glas erzählen von den Geheimnissen des Meeres. Können Sie das Meeresrauschen hören?

Wie eine frische Brise belebt diese Etagere Wohnraum oder Bad. Sie ist so edel wie die Perle selbst, verströmt die salzige Luft des Meeres und bringt Reinheit und Glanz in Ihr Zuhause.

edle ZEITEN

GLANZLICHTER

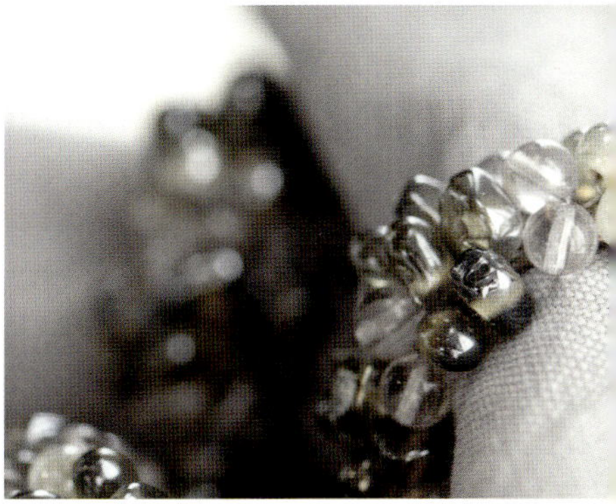

... anmutige Harmonie

Liaison von Lila und Grün

So elegant wie ein weißes Brau kleid schmiegt sich diese Etager aus feinem Porzellan an ein cha mantes Liebespaar. Der grüne, knackige Apfel und die violette saftige Pflaume haben im Herb Hoch-Zeit!

PFLAUME & APFEL IM DUETT

idyllische GARTENPRACHT

Lila – zwischen kühlem Blau und warmem Rot. Geheimnisvoll, aphrodisierend, kreativ und emanzipiert.

Das strahlende Weiß des Porzellans bildet eine prächtige Kulisse für die fruchtige Verbindung. Apfelgrün und Pflaumenblau feiern farbenfroh auf drei Etagen.

Sie sind eingeladen! Bewundern Sie die schöne Liaison und sehen Sie sich satt.

OMA DOROTHEAS PFLAUMEN-KUCHEN VOM BLECH

ZUTATEN

- 800 g Mehl
- 1 Würfel Hefe
- ¼ l lauwarme Milch
- 210 g Butter
- 210 g Zucker
- 1 Vanillezucker
- 1 Ei
- 1 Msp. Backpulver
- 1,5 kg entsteinte Pflaumen

GRUNDREZEPT HEFETEIG

- 500 g Mehl
- 1 Würfel Hefe
- ¼ l lauwarme Milch
- 60 g flüssige Butter
- 60 g Zucker
- 1 Ei
- 1 Msp. Backpulver

- *Hefe in der lauwarmen Milch auflösen.*
- *Mehl in eine Schüssel geben.*
- *Milch, Zucker, Fett, Ei und Backpulver hinzufügen.*
- *Alles zu einem glatten Teig verkneten.*
- *30 Minuten gehen lassen.*
- *Nochmals durchkneten.*
- *Teig auf dem Blech ausrollen und nochmals gehen lassen, bis sich der Teig verdoppelt hat*
- *1,5 kg entsteinte Pflaumen auf dem Teig verteilen.*

PFLAUMEN

STREUSEL
• 300 g Mehl
• 150 g Margarine
• 150 g Zucker
• 1 Vanilllezucker

Zutaten locker verkneten und mit der Hand gleichmäßig über die Früchte bröseln.

Umluft : 160 °C, ca. 35–45 Minuten · E-Herd: 200 °C, ca. 20–30 Minuten · mittlere Schiene

Für diese Etagere gibt es jede Menge Punkte!

Drei üppige, rechteckige Tabletts bieten viel Platz für ein hübsches Kaffeeservice. Dahlien in frischem Rosé lassen das fröhliche Blumenmuster des Geschirrs erblühen.

Spiel mit Punkten

Schneeflöckchen Weißröckchen

Wintermärchen

Leise rieselt der Schnee. Weiße Flocken decken behutsam die Winterwelt zu. Alles wird ganz still.

Vor dem Haus brennt ein Licht. Verschneite Tannenzapfen, glitzernde Weihnachtskugeln und flammend rote Äpfel wärmen sich auf der weißen Holz-Etagere im Kerzenschein.

Es ist klirrend kalt. Ein kleines Rentier blickt neugierig über den Tellerrand. Wie märchenhaft die Schneelandschaft aussieht. Schneeflöckchen, Weißröckchen – komm` setz dich dazu!

WEISS IST DIE FARBE DER UNSTERBLICHKEIT, UNENDLICHKEIT & REINHEIT.

... *klirrend* KALT

doch herzerwärmend anzuschauen

Besinnliche & geruhsame

VORWEIHNACHTSZEIT

Der etwas andere Adventskalender

24 winzige Säckchen sind gefüllt mit duftenden Köstlichkeiten und bezaubernden Überraschungen. Die Vorfreude steigt. Bald ist Weihnachten.

Advent, Advent, ein Lichtlein brennt.
Erst eins, dann zwei, dann drei, dann vier –
dann steht das Christkind vor der Tür.

Dieser etwas andere Adventskalender dekoriert das Haus und versüßt die Tage bis zum Fest. Ob für den Liebsten, die Kinder oder fürs Büro, hier greift jeder gerne zu.

... der Countdown läuft

1 2 3 4 5

12
2
14
8
1

12

NATUR & NOSTALGIE

holzig geformt verspielt

ANMUT

liegt im Detail

Waldboten

Weiß besprühte Zapfen aus heimischen und fernen Wäldern erhellen die dunkle Jahreszeit. Zu den Boten des Waldes passt jetzt gut ein Hauch von Grün und Rot, den klassischen Farben der Weihnachtszeit.

Natur und Nostalgie fließen anmutig und formvollendet ineinander. Die Etagere aus warmem Holz und geschwungenem Metall ist ein Stimmungsmacher für drinnen wie draußen.

Zapfen in weiß und natur

ZAUBERHAFTES AMBIENTE

in fruchtigen Farben

FARBSTIMMUNG

Vitamine für die Seele

Kerzen in fruchtigen Farben sind wie Vitamine für die Seele. Kleine Tannenbäumchen und Eiskristalle aus Filz wirken belebend.

Die große Etagere aus Holz macht eine tolle Figur, wenn man sie direkt auf den Boden stellt. Neben dem Sofa oder der Treppe zaubert sie ein schönes Ambiente, das Gemütlichkeit vermittelt.

Licht *blick*

Genuss pur

Es duftet verlockend...

Pause

Kaffeeduft liegt in der Luft. Einatmen und abschalten. Pause.

Den guten Geschmack dieser Etagere genießen, prall gefüllt mit kräftigen Bohnen und feinem Geschirr. Plaudernd beim Kaffeekränzchen. Bei Kerzenschein am Küchentisch. Und die Etagere immer im Mittelpunkt.

Jetzt eine Tasse Kaffee! Mit Freunden, allein. Dazu ein Lächeln. Eine Zeitung. Ein gutes Gespräch. Leidenschaft. Auftanken.

Braun ist die Farbe des Erdbodens, aus dem Leben erwächst. Sie strahlt Wärme und Geborgenheit aus, verleiht Ruhe und Gelassenheit.

Anregende

KAFFEESPEZIALITÄT

CHERRY CAPPUCCINO

2,5 cl	Kirschsirup
1,5 cl	Mandelsirup
2,0 cl	Milch
1	Espresso

Zutaten mit Eiswürfeln im Elektromixer mixen, bis der Drink sämig ist in ein schönes Glas füllen und mit dunklem Kakaopulver bestreuen.

FRÜHLI

NGSZEIT

Frühlingser

Natürlich bunt

Wenn Tulpen frische Farbtupfer auf die Erde malen und Narzissen ihre gelben Köpfe Richtung Sonne strecken, dann ist der Frühling da! Die Natur ist aus dem Winterschlaf erwacht und zeigt sich bunt in ihrer ganzen Farbenpracht.

So üppig wie das neue Leben sprießt und blüht, so üppig bietet diese Etagere auf drei Etagen Platz für Blumen, die der Frühling schickt. Hyazinthen in zartem Rosé, kräftigem Lila und edlem Weiß erblühen zusammen mit rot-bunten Bellis inmitten von Moos. Platanenfrüchte baden wie grüne Bojen in einem Meer aus Holzspänen.

So bunt kann Frühling sein. Und so schön ein Willkommensgruß vor Ihrer Haustür oder im Garten.

FRÜHJAHRS-BLÜHER GEBEN SICH DIE EHRE

Zuckersüßer HOCHGENUSS

Bühne frei für diese süßen Stars

Grazil wie Ballerinas strecken die Pralinés ihre Beinchen in die Luft. Die winzige Kaffeemühle spielt eine hübsche Melodie zum köstlichen Ballett. Törtchen im glänzenden Gewand und putzige Äpfelchen versüßen das kunstvolle Naschwerk.

Applaus für eine verlockende Vorstellung der Zuckertörtchen, der Petits Fours.

FROHE
OSTERN

G
locker

ESTAPELT

Fröhliche HochstapelEi

Hier sitzen zwei Hasen
im grünen Rasen.
Ihr Bau aus Holz
ist schnell entdeckt,
weil er so viel Freude weckt.
Die Etagere aus Moos und Ei
gleicht gar der Hochstapelei.
So ein hübsches Nest
gibt es nur zum Osterfest.

Eleganz

auf ganzer Linie

Frühling lässt sein blaues Band
Wieder flattern durch die Lüfte;
Süße, wohlbekannte Düfte
Streifen ahnungsvoll das Land.
Veilchen träumen schon,
Wollen balde kommen.
Horch, von fern ein leiser Harfenton!
Frühling, ja du bist´s!
Dich hab´ ich vernommen.
Eduard Mörike (1804–1875)

Diese Etagere ist wie ein Gedicht. Jede Etage gleicht einer wunderbaren Strophe, geformt aus filigranem Glas und fein geschwungenem Metall. Die hübsch arrangierten Traubenhyazinten in leuchtendem Blau bedürfen keiner Worte: So sieht er aus, der Frühling!

FILIGRAN & DURCHSICHTIG

Poesie in Blau

PASTA

VIVA ITALIA

La Dolce Vita

Sommer, Sonne, Leidenschaft. Diese eckige Küchen-Etagere zaubert mediterranes Flair. Selbstgemachte Pasta und nach frischem Basilikum duftendes Sugo. Einfach köstlich!

Das mobile Küchen-Regal serviert *La Dolce Vita*, das süße Leben, auf drei Tabletts. Das Lachen und die Freude auf ein schönes Essen sind hier inklusive.

Auf den Geschmack gekommen? Die Etagere ist auch ein erlesenes Geschenk für Freunde – mit einem schönen Gruß aus *Bella Italia*.

Bella Italia!

TAFEL-FREUDEN

OLIVENÖL
vom Feinsten

OLIO CALVI

PASTA TICINESE

FÜR DIE SAUCE
- 1 Bund Basilikum
- 1 EL geriebener Ricotta
- 1 EL geriebener Parmesan
- 2 Knoblauchzehen
- 4 EL Pinienkerne
- 0,125 l Olivenöl
- Salz und Pfeffer aus der Mühle

FÜR DEN TEIG
- 350 g Mehl
- 50 g Kleie
- 1 Prise Salz

Den Nudelteig aus Mehl, Kleie und Salz herstellen, alles mit ca. 4 EL Wasser fest durchkneten. Den Teig in Stücke teilen und jedes Stück zu einer Schlange rollen. Diese dann in kichererbsengroße Stücke schneiden.

Die Teigstücke mit dem Daumen zu ungefähr 3 cm langen Fäden rollen, an den Enden etwas dünner werden lassen. Das dauert etwa eine Stunde. Lange – aber der Zeitaufwand lohnt sich.

Die Basilikumblätter gut waschen und anschließend auf Küchenkrepp abtrocknen. Zusammen mit dem Knoblauch, den Pinienkernen und dem Salz in den Mörser geben, gut zerkleinern. Nach und nach Käse und Öl mit hineinarbeiten.

Die Nudeln in kochendes Salzwasser geben, ca. 10 Minuten kochen. Dann abgießen, in eine vorgewärmte Schüssel geben und unter die Sauce mischen. Direkt servieren. Guten Appetit!

SOMM

ERZEIT

LILATÖNE

Keramik, Stoffe, Bänder, Filz & frische Blumen

GRÜN GELB ORANGE

Von Herzen

)ie Etagere aus feinem Metall
robert die Herzen ihrer Betrachter
n Sturm. Zärtlich umarmen die
ielen kleinen Herzen der einzelnen
tagen die liebevolle Dekoration, die
on Herzen kommt.

ls hätte man die Sonne vom Him-
nel gepflückt, spenden Lampions in
lühendem Orange ihr Licht für Son-
enhut, Hagebutte und die weißen
3lüten der Rispenhortensie. Grün,
Gelb, Orange – im Sommer herzlich
villkommen!

*rün ist die Farbe der Hoffnung. Besonders
in helles Grün signalisiert Neubeginn und
ebensfülle. Grün wirkt ausgleichend und
ntspannend.*

ALLES, WAS DAS HERZ BEGEHRT

AUGENSCHMAUS

Die italienische Küche
KOCHEN
KOCHEN FÜR DIE
Lieblings-Rezepte
DAS KOCHBUCH

FARBENFROHE EINLADUNG ZUM KOCHEN

Gewürzt mit Leidenschaft

Raus aus der faden Zubereitung von Essen. Rein ins lebhafte Koc vergnügen.

Scharf, feurig, pikant – diese Etagere bringt Temperament in Ihre Küche! Rote und grüne Paprika, Tomaten, Peperoni-Öl und Rucola-Keimlinge verfeinern jede Speise mit Leidenschaft. Un wer es besonders scharf mag, zer kleinert die getrockneten Peperon und gibt sie in die Pfeffermühle.

362379
Lizenz zum
KOCHEN
362379

Im
Kräuter
garten

PURER KRÄUTER-GENUSS

Im
Kräuter
garten

Frisch auf den Tisch

Kräuter, direkt aus dem Garten gepflückt, sind eine Wonne an purer Frische. Diese Etagere mit ihren zwei Körben passt auf jeden Tisch und sieht dazu noch bildschön aus.

Hier können Petersilie, Basilikum und Schnittlauch Seite an Seite mit Wildkräutern wachsen. Im Kräutergärtchen ist eben für alle Platz.

KRÄUTER-QUARK

- 500 g Quark
- 250 g Joghurt
- Eine Prise Zucker
- Eine Prise Salz
- Frisch gemahlener Pfeffer

Alles gut miteinander verrühren.
Nach Belieben mit Kräutern würzen.

z.B. Schnittlauch, Bärlauch, Löwenzahn, Petersilie

WILDKRÄUTER-GRISSINI

FÜR DEN TEIG:
- 20 g frische Hefe
- 500 ml lauwarmes Wasser
- 0,5 kg Dinkelmehl
- ½ TL Salz
- 1 Prise Zucker
- 1 EL Olivenöl

Löwenzahn-, Giersch- und Brennesselblätter (mit Handschuhen und Schere) zerkleinern.

Weitere Variante: Wildkräuter kann man durch Petersilie, Schnittlauch oder sonstige Kräuter ersetzen.

ZUBEREITUNG:

Hefe im lauwarmen Wasser auflösen und mit den restlichen Zutaten zu einem glatten Teig verkneten.

30 Minuten ruhen lassen.
Backofen auf 250 °C vorheizen.

Teig in gleich große Kugeln teilen.
Mit den Händen zu langen Grissini ausrollen und auf ein mit Backpapier ausgelegtes Blech legen.

Backzeit : ca. 5–8 Minuten.

Gesund naschen

Auf der Beliebtheitsskala von Obst rangieren Erdbeeren ganz weit vorne. Ob zu Vanilleeis, als Kuchenbelag, in einem Glas Sekt oder einfach so auf die Hand – Erdbeeren machen immer eine gute Figur und sind einfach lecker!

Die gläserne Etagere beweist guten Geschmack und macht die süßen Früchtchen zum Blickfang. Naschen unbedingt erwünscht!

ERDBEEREN

Die Farbe Rot steht für
anregend, leidenschaftlich, heiß
und gefährlich.

süße Verführung

ERDBEEREN MIT CHILI-SCHOKO-DIP

- 18 Erdbeeren
- 200 g Bitterschokolade (80 % Kakao)
- 1 Prise Chili

Die Erdbeeren waschen und gut abtrocknen. Sie dürfen auf keinen Fall noch feucht sein.

Die Schokolade im Wasserbad schmelzen. Sobald die Schokolade geschmolzen ist, wird das Chilipulver gründlich unter die Schokolade gerührt.

Die Erdbeeren bis fast zum Kelchansatz in der Schokolade baden und dann auf einem Kuchengitter abtropfen lassen.

EISEN-
HART

& luftdurchlässig

no.192

Malerisch aus einem Guss

Verträumt blickt das Blumenkind aus Stein auf ein liebliches Blumenarrangement von weißen Verbenen und zartem Zauberschnee „Diamond Frost". Kühl und klar hebt sich das Silber der Töpfe von dem warmen Grün der Pflanzen ab. Alles scheint bei diesem malerischen Willkommensgruß aus einem Guss – mit der Etagere aus Eisen im Mittelpunkt.

WILLKOMMENS-GRUSS

Danke schön

Wie kreativ und bunt war die Zeit, in der wir der Etagere neues Leben einhauchen durften.

Wir möchten ein großes Dankeschön sagen an Michael Zirn vom BusseSeewald Verlag, den unsere Idee begeistert hat. Ebenso an unser Frauenteam, an Anny und Simone, die unser Buch begleitet haben. Es war eine harmonische und wunderbare Zusammenarbeit, lieben Dank Euch beiden.

Unser besonderer Dank gilt den nachstehend aufgeführten Personen und Wohnboutiquen, die uns tatkräftig unterstützt und herzlich empfangen haben:

Christel Remus, Malerin, Flensburg
Mondblüte Floristik, Flensburg, www.mondbluete.de, S. 68–73, 110–115,
Tannenhof Petersen, Glücksburg, katrin@galabau-petersen.de, S. 16–27, 34–37, 46–67, 90–103
Tina Zitzmann, Architektin, Flensburg, t_zitzmann@gmx.de, S. 104–109, 116–121
wohnen & mehr, Jutta Windmann, Kappeln, juttawindmann@web.de, S. 84–89
Scandium, Eva Kloster, Flensburg, www.scandiumonline.de, S. 38–45, 122–127, 110–115
Fröbelhaus, Ariane Thomsen, Flensburg, www.froebelhaus.de, S. 46–55

Ihnen, liebe Leserinnen und Leser, danken wir für Ihr Interesse. Wir freuen uns, wenn wir Sie von unserer Begeisterung für die Etagere anstecken konnten. Beim kreativen Dekorieren und Einrichten Ihrer ganz persönlichen Lieblings-Etagere wünschen wir Ihnen viel Spaß und Freude!

Herzlichst
Doris Tönnissen Blatter & Monika Remus

E